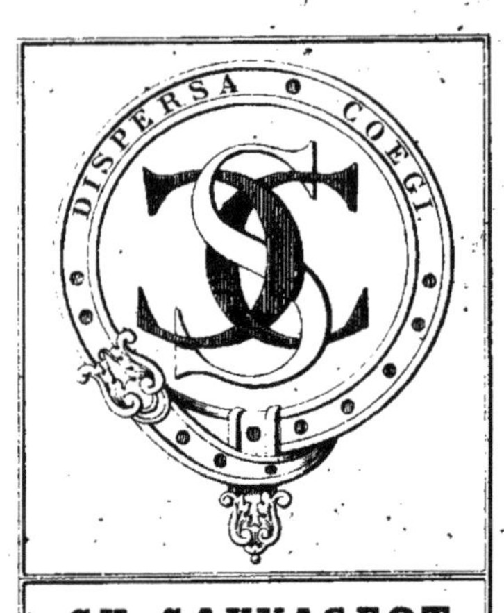
DISPERSA COEGI
CH. SAUVAGEOT
de l'Acadie Royle de Musique

CATALOGUE

DE

L'EXPOSITION DE TABLEAUX.

SOCIÉTÉ DE SAINT VINCENT DE PAUL.

CATALOGUE

DE

L'EXPOSITION DE TABLEAUX,

ORGANISÉE AU PROFIT DES PAUVRES,
SOUS LE PATRONAGE DE S. A. R. MADAME LA PRINCESSE CHARLOTTE,
DANS LES SALONS DU PALAIS
DE S. A. R. LE DUC DE BRABANT.

L'EXPOSITION EST OUVERTE, TOUS LES JOURS, DE 11 HEURES DU MATIN A 4 HEURES DE RELEVÉE.

PREMIÈRE PARTIE. — TABLEAUX.

PRIX : **1 franc.**

Bruxelles.
IMPRIMERIE DE G. STAPLEAUX, RUE DE SCHAERBEEK, 12.

1855

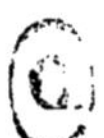

AVANT-PROPOS.

L'hiver de 1854 s'annonçait sous les plus tristes auspices. Les denrées alimentaires avaient atteint un prix exorbitant ; les inquiétudes nées des événements politiques paralysaient le mouvement des affaires, et restreignaient les dépenses de luxe : ces circonstances venant s'ajouter au ralentissement ordinaire du travail pendant la morte-saison, rendaient plus pénible que jamais la situation des classes pauvres.

En présence de tant de besoins, la Société de Saint Vincent de Paul dut songer à augmenter ses ressources et à s'assurer, en dehors de la liste de ses bienfaiteurs habituels, le concours de toute la population charitable.

Elle sollicita et obtint du gouvernement l'autorisation d'ouvrir une exposition au profit des pauvres de la ville et des faubourgs. Une commission, prise dans le sein de la Société, fut chargée de la réalisation de ce projet, et commença ses travaux par la publication de la circulaire suivante :

La Société de Saint Vincent de Paul à tous les amis des pauvres.

« Les circonstances difficiles dans lesquelles nous nous « trouvons, méritent l'attention sérieuse et la sollicitude de « tous les hommes de cœur, de tous ceux qui réfléchissent, « qui savent s'élever, par la raison ou la foi, au-dessus de « l'insouciance ordinaire, du laisser-aller vulgaire de la vie. « Ces circonstances, qui ne datent pas d'aujourd'hui, portent « en elles, comme toutes les grandes situations historiques, « un sens et peut-être un avertissement que le penseur, le « Chrétien surtout ne doit pas méconnaître.

« Depuis quelques années déjà, l'Europe entière a été diver- « sement éprouvée : à peine remise de la tourmente révolu- « tionnaire de 1848, elle a vu fondre sur ses populations la « famine, le choléra et la guerre. Tous les rangs de la société « ont plus ou moins payé leur tribut à ces terribles fléaux ; « mais, partout et toujours, les calamités publiques affectent

« plus particulièrement cette classe si nombreuse qui est « condamnée à vivre péniblement et au jour le jour du pro- « duit incertain de son travail.

« A aucune époque peut-être, la charité chrétienne n'a « été plus vivement intéressée à répandre sur ceux qui souf- « frent le trésor de ses consolations. Non-seulement, en effet, « la Providence a permis que des malheurs dont on croyait « le retour impossible vinssent confondre tous les calculs de « la prévoyance humaine, et s'ajouter au bilan ordinaire de « nos misères ; mais, dans plusieurs pays, on a vu, par une « de ces contradictions dont le génie du mal seul est capable, « des hommes se disant les amis du peuple s'efforcer d'aigrir « les peines du pauvre, pour les exploiter au profit des plus « dangereuses doctrines.

« Aujourd'hui, faire la charité, c'est, au point de vue chré- « tien, tout à la fois conjurer par de bonnes œuvres ce que « l'Écriture appelle les *châtiments de Dieu,* et contribuer à raf- « fermir l'ordre social, cette première condition du travail « régulier, en consolant et moralisant le pauvre, en relevant « son courage, en rapprochant, par un admirable échange « d'aumônes et de prières, ceux qui possèdent et ceux qui « n'ont rien, ceux qui jouissent et ceux qui pleurent.

« C'est là le double but que poursuit la Société de Saint « Vincent de Paul, et qu'elle poursuit en dehors de toute pré- « occupation étrangère à la charité, en dehors de tout système « politique, de toute opinion, de tout parti quel qu'il soit. « Ceux qui assignent à cette société d'autres pensées, d'autres

« espérances, se trompent étrangement. Sa mission telle « qu'elle l'a reçue de son fondateur, telle qu'elle l'a inscrite « dans ses institutions, n'est pas de lutter, mais de concilier : « du jour où elle aurait le malheur d'y faillir pour se mêler « à des intérêts qui ne sont pas ceux du pauvre, elle ne serait « plus de Saint Vincent de Paul; elle perdrait et son nom et « son principe, et son âme et sa force.

« La Belgique, nous devons en remercier le Ciel, n'a pas « été, jusqu'à présent, aussi profondément atteinte que d'au- « tres parties de l'Europe; cependant sa part d'épreuves est « assez lourde. L'hiver s'annonce sous de tristes auspices: « l'hiver, cette saison des réunions joyeuses et des plaisirs de « tout genre pour les heureux de la terre, est aussi l'époque « des plus cruelles privations pour le pauvre. Pendant que « la richesse étale toutes ses splendeurs, et jette au loin le « bruit et l'éclat de ses fêtes pompeuses, la misère se retire « en gémissant au fond de ces noires solitudes dont la vue « seule fait saigner le cœur : ces nuits si longues, que d'autres « passent en réjouissances, sont partagées pour elle entre la « faim, le froid et le désespoir. Tout manque à la fois au « pauvre : le travail a cessé ou est devenu insuffisant; le sa- « laire a disparu et est remplacé par des dettes. Il n'a pas « même les joies de la famille : ces liens si doux aux autres « hommes et qui sont pour eux, dans leurs heures de peine, « une consolation et une force, ne sont pour lui qu'une angoisse « de plus, une douleur ajoutée à toutes ses douleurs. Dieu a « sans doute permis ce triste contraste pour nous faire mieux « comprendre nos devoirs envers ces malheureux deshérités du

« monde, qui, par une loi mystérieuse de la Providence, ne « semblent avoir reçu la vie que pour lutter et pleurer, pour « expier comme le Christ, par leurs souffrances, nos folies « et nos erreurs, les témérités de notre esprit et les lâchetés « de notre cœur, les révoltes de notre orgueil et les abais- « sements de notre avidité.

« Ces pauvres, ne l'oublions pas, sont aux yeux de la foi « les enfants privilégiés de Dieu, nos aînés dans la hiérarchie « de sa justice, et nous avons, l'Évangile nous l'apprend, à « remplir à leur égard des obligations sacrées dont Dieu lui- « même est le créancier.

« Comment s'acquitter de ces obligations? Comment payer « cette dette inscrite au grand-livre du Juge Éternel? Nous « disons souvent que le luxe du riche est la fortune du pau- « vre; mais, si c'était là une vérité rigoureuse, le nombre des « pauvres devrait diminuer chaque jour, et l'aumône devien- « drait inutile. Malheureusement c'est le contraire qui arrive. « Et cependant l'aumône, l'aumône matérielle, bien entendu, « ne manque pas. Beaucoup de gens donnent aux pauvres et « donnent généreusement, mais comme au hasard, sans se ren- « dre compte du résultat de leur aumône, sans connaître ceux « qui la reçoivent et sans exercer sur eux le moindre contrôle, « la moindre influence. C'est l'aumône éparpillée, jetée au vent; « ce n'est pas encore la charité. La charité, on ne saurait « trop le répéter, est non-seulement une œuvre d'assistance « matérielle, de soulagement physique, c'est surtout un tra- « vail d'assistance morale, d'apaisement et de consolation. « Sans doute, pour pouvoir consoler et moraliser efficacement,

« pour pouvoir soulager et relever les âmes, il faut avoir de « quoi soulager et relever les corps : il faut des ressources « matérielles. Mais la distribution de ces ressources doit être « prudemment ordonnée, dirigée par une économie bien en- « tendue et éclairée par l'expérience. Et ce n'est pas tout : la « création même de ces ressources ne doit pas être abandonnée « aux hasards des saisons, ni livrée aux caprices d'une sensi- « bilité passagère; elle exige une véritable méthode et surtout « de la persévérance. La meilleure source de l'aumône, c'est- « à-dire la plus sûre, est l'épargne sur le superflu : il ne suffit « pas de donner, de donner même avec luxe; il faut donner « avec ordre, et mieux vaut donner moins, mais régulièrement, « sans intermittence ni refroidissement. L'aumône ainsi « organisée, est comme ces petites sources bienfaisantes du « désert, qui ne roulent qu'un filet d'eau mais ne tarissent « jamais.

« Si l'habitude d'une pareille épargne pouvait s'étendre et « se vulgariser, on arriverait à produire les résultats les plus « heureux et les plus inattendus. Ainsi, par exemple, dans une « ville riche comme Brnxelles, il y a un nombre considérable, « on peut dire incalculable, de personnes en position de re- « trancher, chaque mois, deux ou trois francs sur leur superflu. « En réunissant ces épargnes et en les concentrant sur un « certain nombre de familles réellement dignes d'intérêt, on « parviendrait sans peine à secourir, chaque hiver, la plus « grande partie des véritables pauvres de la capitale, et à les « secourir avec fruit.

« Ce principe si simple de l'épargne insensible au profit

« des indigents est celui sur lequel repose l'organisation des « ressources de la Société de Saint Vincent de Paul. Mais cette « société n'est pas nombreuse, et ses moyens, malheureuse-« ment trop bornés, sont loin de suffire aux besoins même « ordinaires de sa pauvre clientèle. Cette société — pourquoi « ne l'avouerions-nous pas? — a contre elle des préventions « nées de l'aveuglement déplorable que produit en certains « hommes la haine des idées religieuses. La Société de Saint « Vincent de Paul croit qu'il ne suffit pas de nourrir, qu'il « faut améliorer le pauvre; elle croit, comme l'Évangile le « proclame, que *l'homme ne vit pas seulement de pain, mais « de la parole de Dieu;* c'en est assez pour la rendre suspecte « à ceux qui ont le malheur de repousser cette parole.

« Quoi qu'il en soit, la Société de Saint Vincent de Paul « doit poursuivre et elle poursuivra l'accomplissement de son « œuvre, en s'en remettant de tout le reste à Dieu et à cette « force invincible de la vérité, qui finit toujours, tôt ou tard, « par user les résistances et dissiper les préjugés.

« C'est pour s'acquitter de ce devoir, qu'elle vient avec « confiance avouer l'insuffisance de ses ressources, en face « de la situation tout exceptionnelle que les circonstances « actuelles ont faite à la classe indigente. Pour être à même de « remplir sa laborieuse mission, pour pouvoir secourir et « consoler, elle est forcée de recourir à la générosité publique « et de tendre la main comme le dernier de ses pauvres; de « demander l'aumône à ces cœurs aimants qui, dit l'Apôtre, « *souffrent avec ceux qui souffrent;* de faire appel à tous les

« rangs, à toutes les opinions, à toutes les fortunes, à l'obole « de la veuve comme au talent du riche.

« Ce qui est donné au pauvre est donné à Dieu : le Sauveur « l'a promis. Nous venons, au nom de cette promesse, invo- « quer votre pitié; nous venons prier pour ces malheureux « enfants sans père, sans appui, qui pleurent autour de leur « mère, en lui demandant un pain qu'elle n'a pas. Pour ces « vieillards sans famille, sans feu, sans vêtement, à qui il ne « reste plus même la force de se traîner au dehors pour im- « plorer la compassion des passants. Pour ces pauvres jeunes « femmes, qui n'ont pas de quoi préserver du froid les mem- « bres amaigris de leur chétif nourrisson. Pour ces honnêtes « ouvriers, à qui une santé robuste semblait promettre une « existence assurée pour leur nombreuse famille, et qui aujour- « d'hui, frappés par la maladie, sont livrés à l'épuisement et « au désespoir, en attendant qu'une main chrétienne vienne « sécher leurs larmes.

« Nous vous prions pour toutes les misères, et nous sommes « sûrs que, Dieu aidant, nous n'aurons pas prié en vain ; que « croyants ou indifférents, vous entendrez notre appel ; que « vous voudrez faire réussir le projet que nous confions à « votre charité.

« Ce projet n'est pas nouveau sans doute, mais les combi- « naisons possibles pour alimenter le budget de l'aumône sont « peu nombreuses, et, quoi qu'on fasse, il faut toujours en « revenir plus ou moins à ce qui a déjà été fait bien des fois. « Du reste, les moyens les plus simples et les plus ordinaires

« sont peut être les meilleurs, parce qu'ils sont connus et « compris de tout le monde.

« La Société de Saint Vincent de Paul a décidé d'organiser, « au profit des pauvres de la capitale et des faubourgs, une « *Exposition-Tombola*, que le gouvernement de S. M. a bien « voulu autoriser par arrêté royal.

« Cette exposition formée, comme toutes les expositions de « ce genre, de dons gratuits, ouvrages de main, livres, meu- « bles, etc., comprendra une partie uniquement destinée à « l'enfance, afin de faire participer plus particulièrement à « cette bonne œuvre la jeunesse innocente qui ne fait que « d'entrer dans la vie. La sympathie de ces cœurs si purs « sera, nous l'espérons, pour notre entreprise, un gage de « succès aux yeux des hommes, une bénédiction de la part de « Dieu.

« L'exposition s'ouvrira, le 20 décembre, dans les salons de « l'hôtel d'Assche, place des Palais.

« Si les circonstances le permettent, si les personnes dont « le concours nous est indispensable veulent bien se joindre à « nous, la Société ouvrira, dans le même local, une exposition « spéciale d'objets d'art et d'antiquités, à l'instar de ce qui « s'est fait avec tant de succès, à Anvers, il y a quelques « mois. Dès à présent, nous soumettons cette idée à tous les « artistes, amateurs et possesseurs d'objets d'art, de notre « capitale et de tout le pays : nous la recommandons à tous « ceux qui aiment les pauvres.

« Bruxelles, le 30 novembre. »

(*Suivent les signatures.*)

L'appel de la Société de Saint Vincent de Paul fut accueilli avec un empressement qui fait honneur aux sentiments de notre population. L'exposition-tombola était à peine installée à l'hôtel d'Assche, que de toute part arrivèrent des offres de concours pour l'exposition d'objets d'art. Ce mouvement généreux prit bientôt une telle extension que l'on reconnut l'insuffisance du local où l'on venait de s'établir. Le Roi, ayant eu connaissance de cet état de choses, voulut bien mettre à la disposition de la société le magnifique palais de S. A. R. Mgr le duc de Brabant. En même temps, S. A. R. Madame la princesse Charlotte faisait connaître à la commission organisatrice qu'Elle prenait l'exposition sous son patronage. De pareils encouragements étaient certes de nature à doubler le zèle de ceux qui avaient été chargés de l'entreprise et à leur faire oublier toutes les difficultés de leur mission. Aussi, dès ce moment, l'organisation marcha rapidement. Mais, il faut le dire, c'est un devoir de reconnaissance, les efforts de la commission furent puissamment secondés par MM. Étienne Le Roy et son fils, qui, avec un zèle et un désintéressement au-dessus de tout éloge, se dévouèrent complètement au succès de cette œuvre. Leur généreuse activité a aidé à réaliser une fois de plus cette belle et touchante alliance de l'art avec la charité, alliance qui a été si bien caractérisée par ces paroles d'un des exposants : « La foi a fait la gloire des grands maîtres, car elle a nourri « leur génie; aujourd'hui, ils acquittent leur dette envers la « foi, car leur gloire nourrit la charité. »

Lorsque tout fut disposé dans le nouveau local, S. M. daigna informer la commission qu'Elle viendrait Elle-même ouvrir l'exposition.

Cette cérémonie eut lieu, le dimanche 11 février, en présence de MM. les exposants, qui avaient reçu une invitation spéciale, comme témoignage de reconnaissance pour leur bienveillant concours.

Le Roi, LL. AA. RR. le comte de Flandre et Madame la princesse Charlotte furent reçus par les membres de la commission directrice et par le Président de la Société, M. le baron de Gerlache, qui adressa à S. M. les paroles suivantes :

« Sire,

« Nous vous remercions bien vivement d'avoir daigné vous « rendre à nos vœux, en venant inaugurer et solenniser notre « exposition au profit des pauvres.

« Nous remercions aussi Son Altesse Royale Madame la « princesse Charlotte qui a bien voulu accorder à notre œuvre « le puissant patronage de son nom. Cette œuvre ne peut que « prospérer sous une pareille protection, qui nous rappelle, « avec d'amers regrets que le temps ne saurait effacer, d'au- « gustes exemples de bonté, de doux souvenirs de charité « gravés dans les cœurs des pauvres.

« Sire! nous devons à Votre Majesté ce magnifique local « qui ajoute un attrait de plus à cette exhibition. Nous de- « vons à Votre Majesté plusieurs de ces toiles admirables « qui en font le plus bel ornement. — Votre exemple, Sire, « nous a porté bonheur. Il nous a fait ouvrir quelques-unes « de ces splendides galeries d'art et d'objets précieux, qui

« rappellent les anciennes gloires de la Belgique, et dont vous « êtes, Sire, l'appréciateur le plus généreux et le plus éclairé. « Nous ne les nommerons pas ici; le détail en serait trop « long et leur renommée les désigne suffisamment. — Ainsi « une pensée toute de charité d'abord, est devenue, presque « à notre insu, une grande pensée nationale. — Cette exposi- « tion prouve une fois de plus combien notre Belgique, si « souvent dépouillée, est encore riche en chefs-d'œuvre de « toute nature. — C'est, nous devons l'avouer, particu- « lièrement au zèle de la commission directrice, qui n'a épar- « gné ni peines, ni démarches, ni sollicitations, pour faire af- « fluer vers nous tous ces trésors, que nous sommes redevables « du succès.

« La Société de Saint Vincent de Paul sera au comble de ses « désirs, si son appel est généralement entendu. Elle a pensé « que la charité, faite artiste, devait réussir en Belgique à double « titre. Cette attente ne sera point trompée, si quelques-unes « des misères des pauvres, si cruelles et si poignantes en ce « moment, peuvent être soulagées par elle; si elle obtient « la sympathie des âmes généreuses, sous la protection des- « quelles elle a placé son œuvre, non moins patriotique que « charitable et chrétienne. »

Après ce discours, auquel le Roi daigna répondre par quelques mots pleins de bonté, Sa Majesté et LL. AA. RR., conduites par le Président de la Société et les membres de la commission, visitèrent en détail et avec un remarquable intérêt les divers salons de l'exposition, en témoignant à plusieurs reprises leur vive satisfaction. En se retirant, Sa Majesté voulut bien promettre à la commission d'ajouter à Son contingent un des plus beaux tableaux de l'ancienne école italienne. Cette promesse, toute spontanée, fut accueillie avec la plus vive reconnaissance, et se trouva réalisée dès le surlendemain.

La Société de Saint Vincent de Paul n'oubliera jamais cette marque royale de sympathie, qui est une preuve nouvelle des généreux sentiments dont Sa Majesté est animée à l'égard des classes souffrantes.

Elle ne saurait oublier davantage le bienveillant intérêt que ses efforts ont rencontré dans un si grand nombre de familles : les noms de ces familles, que les pauvres apprendront à bénir, seront inscrits, entourés de reconnaissance, parmi les meilleurs souvenirs de la Société de Saint Vincent de Paul.

EXTRAIT DU RÈGLEMENT DE L'EXPOSITION.

Le service de surveillance est fait par des membres de la Société, pris dans les diverses conférences de la ville. Cette organisation du service a un double but : donner plus de sécurité aux propriétaires des tableaux et des objets d'art, et diminuer, au profit de la charité, les frais de l'exposition.

L'exposition est ouverte, tous les jours, de onze heures du matin à quatre heures.

. . . .

Le prix d'entrée est d'un franc par personne.

On peut se procurer, au local de l'exposition, des cartes d'abonnement, donnant droit à quatorze entrées. Le prix de ces cartes est *d'au moins* dix francs.

Il est interdit de fumer dans les salons.

Il est défendu de toucher aux objets exposés, de prendre des copies, de faire des réductions, ni aucune espèce de dessin.

Les cannes et les parapluies doivent être déposées à l'entrée. La rétribution du gardien est fixée à dix centimes par numéro.

Les commissaires de service sont chargés de faire observer le règlement et de donner aux visiteurs les renseignements qu'ils pourraient désirer.

AVIS.

Le peu de temps que nous avons eu pour formuler la première partie du catalogue de cette réunion de tableaux, nous a contraints bien à regret d'abréger de beaucoup les descriptions des nombreux chefs-d'œuvre que renferme l'exposition de la Société de Saint-Vincent de Paul, et afin de ne pas priver plus longtemps le public *du catalogue*, nous avons été obligés de nous en rapporter, pour les tableaux décorant les salons : A, G, H, I et K, aux attributions et aux noms des auteurs de ces productions fournis par les propriétaires, auxquels nous laissons la responsabilité des erreurs qui pourraient avoir été commises; et nous nous proposons de compléter plus tard, par un supplément, les descriptions de ces tableaux.

Étienne Le Roy,
Commissaire expert du Musée royal.

PREMIÈRE PARTIE.

TABLEAUX.

SALLE B (1).

A Sa Majesté le Roi.

1. MEINDERT HOBBEMA.

Vue de paysage en Frise. — Ce site heureusement choisi produit un effet saisissant; de beaux groupes d'arbres de haute futaie y sont disposés avec un art infini et se détachent admirablement sur un ciel légèrement nuagé; un soleil d'automne au déclin du jour et qui darde ses rayons à travers des massifs d'arbres, éclaire vivement le second plan de cette scène.

Cette magnifique œuvre provient des collections de MM. Reynders, de Bruxelles, et C.-W. Taylor, de Londres; elle faisait le pendant du tableau qui fut adjugé dernièrement, à la vente de M. le baron de Mecklembourg, à Paris, au prix de 72,000 francs.

(1) L'Exposition occupe dix salles, marquées chacune d'une lettre, de A à K.

2. Antoine Van Dyck.

Portrait de François Duquesnoy. — Le célèbre sculpteur flamand est représenté de face; une collerette retombe sur un manteau noir qui le couvre en grande partie; il tient dans la main une tête antique de faune en marbre.

Cette production, de la plus grande finesse et du faire le plus délicat de Van Dyck, fut gravée, en 1751, par P. Van Bleeck.

3. Nicolas Berchem.

Le passage du Rhin. — Ce tableau offre sur la droite des rochers élevés et des ruines d'arches, au pied desquels quelques cavaliers se battent avec acharnement; d'autres galopent vers la rivière que traverse un détachement de cavalerie; dans le lointain on voit les deux armées qui se livrent un combat à outrance.

Ce précieux tableau est gravé par J. J. Avril, le père, sous le titre de *Le passage du Rhin*.

4. Jean Steen.

Fête de village. — Dans un intérieur, une nombreuse assemblée se divertit à danser au son du violon d'un ménétrier monté sur un banc, au centre de la composition; à droite sont attablés de joyeux convives. Un grand nombre de personnages, diversement occupés, enrichissent cette scène, où Jean Steen a déployé toute la fécondité de son esprit.

Madame **la Vicomtesse douairière de Spoelberch.**

5. PIERRE-PAUL RUBENS.

Portrait de Pierre Van Hecke; il est vu de trois quarts; il porte une fraise autour du cou et est vêtu d'un pourpoint de soie noire que recouvre en partie un par-dessus; il a le bras appuyé sur une balustrade en pierre et tient à la main un chapeau de feutre. Un rideau rouge et des colonnes servent de fond.

6. LE MÊME.

Pendant du précédent. Portrait de Claire Forment, sœur de la seconde femme de Rubens et épouse de Pierre Van Hecke; elle est habillée de soie noire et assise près d'un balcon; sa main gauche est appuyée sur le bras de son fauteuil, dans l'autre elle tient un chasse-mouches de plumes. Au fond, derrière un rideau rouge qui est relevé, on voit l'Escaut sur lequel voguent quelques barques.

7. LE MÊME.

Le Christ expirant sur la croix; dans le lointain, on voit la ville de Jérusalem (1).

Ces trois belles pages sont de la plus belle époque de Rubens et exécutées avec toute la puissance et la force de coloris que l'on retrouve dans ses chefs-d'œuvre.

(1) Ces trois panneaux (nos 5, 6 et 7) n'ont jamais été dans le commerce et sont échus par succession à la famille à laquelle ils appartiennent.

M. **le comte Amédée de Beauffort,** inspecteur général des Beaux-Arts.

8. Pierre-Paul Rubens.

Portrait de Jean-Charles de Cordes, seigneur de Wichelen. Ce personnage est vu de trois quarts et représenté en costume espagnol, il porte une fraise plissée autour du cou, et une chaîne d'or pend sur sa poitrine.

9. Le même.

Pendant du précédent.—Portrait de Jacqueline Van Caestre, femme de Jean-Charles de Cordes. Cette personne, à la physionomie fine et distinguée, est vue presque de face; ses cheveux sont ornés de nœuds de rubans de velours, et ses oreilles, de riches pendants en brillants; elle porte au cou un collier de perles, et sur sa poitrine brille une superbe rivière; elle est représentée assise dans un fauteuil de velours vert, vêtue d'un magnifique habillement de soie à manches à crevés; à son corsage est attachée une agrafe d'une grande richesse, à laquelle pend une chaîne d'or d'un travail admirable.

Ces deux portraits sont d'une vérité frappante, et peuvent aller de pair avec tout ce que le pinceau du prince des peintres de l'école flamande a produit de plus beau en ce genre; ils ne sont jamais sortis de la famille des comtes de Roose.

M. le marquis Théodule de Rodes.

10. ISAAC VAN OSTADE.

La dévideuse. — Devant une maison rustique couverte de chaume, et sous l'ombrage d'une treille, est une jeune villageoise; le peintre l'a représentée assise sur une chaise et vue presque de face, tenant le dévidoir d'une main, et de l'autre un fuseau; elle a suspendu son travail, et son regard se porte vers un jeune garçon debout près d'elle, et coiffé d'un chapeau à larges bords; à côté d'eux est un chien couché.

Cette composition est gravée par Daudet dans la *Galerie* de Lebrun, et citée dans le *Catalogue raisonné* de Smith, tome Ier, page 185. M. Charles Blanc l'a reproduite dans son *Histoire des peintres.*

11. ADRIEN VAN DE VELDE.

Le pâturage. — Au bord d'un ruisseau est assise une jeune bergère; auprès d'elle est une génisse broutant l'herbe, et derrière une vache brune couchée; à droite, est assis un pâtre tenant un bâton à la main et causant avec la villageoise; près de lui sont deux moutons; plus loin, à l'entrée d'une grange, une femme trait une chèvre; à gauche, est un groupe composé de plusieurs moutons; le lointain de cette riche composition est formé par un délicieux paysage; elle est datée de 1668.

12. David Teniers, fils.

Le bon ménage. — Dans un intérieur rustique est assise une bonne vieille femme occupée à filer; auprès d'elle, son compagnon à barbe grise, le dévidoir à la main, assiste sa ménagère dans son travail. Ces deux bons vieillards, dont les traits respirent la joie et le bonheur de la vie intime, sont traités, ainsi que tous les détails qui enrichissent cette charmante composition, avec tout l'esprit et la délicatesse du pinceau de Teniers.

Ce tableau est gravé.

—

M. **le vicomte Bernard Du Bus de Gisignies,**
Directeur du Musée royal d'histoire naturelle.

13. Jean-Baptiste Weenix.

La Bergère endormie. — Le site représente les environs d'un port de mer d'Italie, que l'on voit dans le lointain; plusieurs figures sont sur la plage, et, sur un plan plus rapproché, à la porte d'une auberge, sont attablés plusieurs personnages, auprès desquels passe un cavalier; le premier plan est enrichi par les ruines d'un monument à colonnes d'ordre toscan, devant lesquelles une charmante bergère, coiffée d'un large chapeau de paille, dort d'un profond sommeil; elle est gardée par un chien épagneul de la plus belle espèce.

Ce tableau provient de la collection des ducs régnants de Brunswick-Wolfenbuttel à Salzthalum, et est décrit au catalog de la collection de De Burtin, sous le n° 190.

14. Albert Cuyp.

Intérieur d'un temple protestant d'architecture gothique. — Dans une nef, presque sur le devant du tableau, est un jeune garçon conduisant un enfant par la main; près d'eux, sont deux hommes, une femme avec un panier et un autre garçon, et au premier plan, deux chiens; plus loin se voient une dame et deux enfants. Cette scène est vivement éclairée par les rayons du soleil.

Ce tableau provient de la collection Van Saceghem, de Gand. Smith, dans son *Catalogue raisonné*, le décrit sous le n° 212, page 344 du Ve volume.

15. Le même.

Animaux au pâturage. — Le premier plan est occupé par un bœuf à la robe brune tachetée de blanc; près de lui sont deux vaches couchées, puis à gauche, un groupe de quatre moutons et une chèvre. Au fond, à droite, est le berger causant avec une villageoise ; à gauche et dans le lointain, on voit l'église de Dort et plusieurs moulins.

16. David Teniers, fils.

La tentation de saint Antoine. — Dans une vaste grotte formée par des rochers, le saint ermite est occupé à lire son bréviaire ; le démon sous la forme d'une vieille duègne, interrompt sa pieuse méditation, pour lui montrer une jeune femme richement habillée de satin noir, qui lui présente un verre de vin. Un grand nombre de diables et de diablotins, sous des formes diverses, complètent cette composition, une des plus riches et des plus spirituelles de Teniers. A droite, au fond, et à l'entrée de la grotte, on voit le saint ermite et saint Antoine de Padoue auxquels un corbeau apporte un pain.

Ce précieux tableau provient de la collection de M. le comte de Butenval.

17. Antoine Van Dyck.

Portrait d'une jeune et jolie personne vue de trois quarts, et habillée d'une robe de soie noire avec de larges manches à crevés; une croix en pierres fines est attachée sur sa poitrine. De la main droite, qui est gantée, elle tient un éventail de plumes noires.

Ce tableau provient des collections du chanoine baron Baut et de Van Saceghem, de Gand; il est gravé par Spruyt; Smith, dans son *Catalogue raisonné*, le mentionne comme étant un des plus beaux types du maître. (Tome III, page 132.)

18. Guillaume Van Aelst.

Nature morte. — Quelques ustensiles de chasse, un faisan, une perdrix, et quelques passereaux sont arrangés avec beaucoup de goût sur une table.

19. Théodore De Keyser.

Portrait d'homme dont la tête est couverte d'un chapeau à larges bords; une collerette à grands plis lui enveloppe le cou et retombe sur le riche pourpoint noir dont il est revêtu; il est représenté assis devant une table sur laquelle se trouvent plusieurs manuscrits.

20. Le Même.

Pendant du précédent. Portrait d'une dame assise auprès d'une table sur laquelle on voit un mouchoir et un panier à ouvrage; sa tête est recouverte d'un riche bonnet hollandais; elle a une large collerette autour du cou, et ses poignets sont ornés de manchettes richement brodées.

—

M. **le comte Ludovic de Robiano,** sénateur.

21. François Van Mieris, père.

Portrait d'un guerrier, coiffé d'un bonnet de velours noir, et couvert d'un manteau en satin brun.

22. Le Même.

Portrait d'une dame coiffée en cheveux et portant sur l'épaule une écharpe de satin cramoisi.

23. Le chevalier Van der Werff.

Portrait de jeune fille.

M. le comte Robert de Cornelissen.

24. CORNEILLE DU SART.

Intérieur.—Près de l'âtre d'une vaste cheminée, sont deux personnages dont l'un assis fait la lecture à son compagnon qui, debout, les mains appuyées sur le dos, l'écoute attentivement.

25. LE MÊME.

Pendant du précédent. Une jeune femme vide un verre de vin, tandis que son compagnon la salue en l'accompagnant de son chant.

Ces deux productions sont dignes du pinceau d'Adrien van Ostade.

—

M. **Théodore Patureau**, de Châteauroux.

26. ANTOINE VAN DYCK.

Portrait du peintre Martin Pépin.—Ce personnage à la barbe grisonnante, est représenté à l'âge de cinquante-huit ans; il est vêtu de noir et couvert en partie d'un manteau; l'expression de sa tête est admirable de noblesse et de dignité; il a la main droite posée sur la poitrine.

Ce beau tableau provient de la collection de Guillaume II, roi des Pays-Bas.

27. ADRIEN VAN OSTADE.

Le premier groupe qui fixe d'abord l'attention et

qui se trouve largement éclairé est formé par une femme entre les deux âges, qui s'appuie en chancelant sur une table placée derrière elle, et qui accepte encore un verre de bière que lui présente un vieux buveur assis devant elle ; près de celui-ci, un autre buveur à la mine grivoise tient sa pipe d'une main et de l'autre un pot d'étain. Derrière ce premier groupe, et à table sont, trois paysans plongés dans la demi-teinte ; l'un d'eux fume paisiblement, l'autre assis sur une chaise semble causer avec un villageois, et le troisième, appuyé sur la table, regarde en riant un ménétrier qui attire toute son attention en jouant de la vielle ; derrière ce musicien ambulant sont deux autres figures épanouies par le plaisir.

28. Jean-Baptiste Pater.

Le concert champêtre. — Sur une terrasse, à l'ombre d'un arbre élevé, sont groupés divers personnages.

Sur le premier plan à gauche, sont d'abord trois dames brillantes de jeunesse et de beauté, vêtues avec richesse; un jeune cavalier, nonchalamment appuyé contre le tronc de l'arbre, cause, et regarde avec amour la jeune dame à demi couchée à terre près de lui, et tenant en main un cahier de musique.

Dans le fond, est un autre cavalier causant avec une des trois beautés de ce groupe.

A droite est une charmante jeune fille qui semble jouer avec un chien.

29. Le même.

Pendant du précédent. La balançoire. — En avant de quelques grands arbres sont diversement groupés plusieurs personnages, dont la joie illumine les visages.

Sur une balançoire, que mettent en mouvement deux cavaliers est une femme charmante, jeune et belle, dont la robe élégante est légèrement relevée. Une jeune femme couchée nonchalamment sur le premier plan, à droite, regarde sa compagne. Plusieurs groupes distribués çà et là se livrent à la conversation.

30. Jean-Baptiste Greuze.

Psyché. — Cette jeune beauté est vue presque de face; sa tête charmante et gracieuse est mélancoliquement inclinée sur son épaule droite, et les larmes qui baignent ses yeux attestent la douleur qu'elle éprouve du départ de l'Amour.

31. Le même.

La bacchante. — Cette figure est pleine de charme, d'expression et de vie.

31 *bis*. PAUL REMBRANDT.

L'artiste s'est représenté à l'âge d'environ 60 ans, coiffé d'un bonnet blanc; son visage mâle et énergique est éclairé par un rayon de soleil.

—

M. **Désiré Van den Schrieck**, à Louvain.

32. JACQUES RUISDAEL.

Site pris en Norwége. — Cette toile capitale nous offre la vue d'un paysage dans lequel, à travers des rochers élevés, un torrent roule en mugissant ses eaux impétueuses, tombe en cascade sur plusieurs troncs d'arbres renversés, et se répand en nappes sur l'avant plan. Plus loin, on découvre de hautes montagnes surmontées d'un château. Le ciel est sombre et tout fait présager l'approche d'un orage.

33. JEAN VAN DER HEYDEN et ADRIEN VAN DE VELDE.

Vue prise dans l'intérieur d'une ville. — Une façade d'église ornée d'un petit portail d'architecture ionique occupe le premier plan à la gauche du tableau ; devant l'église est une place spacieuse où deux bourgeois causent avec deux moines; un gentilhomme marchant à côté d'une servante, traverse la place; une pauvre femme, tenant un enfant dans ses bras, est assise sur les marches du portail; plusieurs autres figures animent encore cette composition, et toutes sont dues au pinceau d'Adrien van de Velde.

34. Adrien Van Ostade.

Intérieur d'estaminet. — Autour d'une table sont réunis trois joyeux compagnons en société d'une femme, et occupés les uns à boire, les autres à fumer; un cinquième personnage les distrait de leur occupation bachique pour exciter leur compassion en faveur d'un pauvre joueur de vielle qu'un jeune garçon accompagne de son violon; au fond, à gauche, un paysan est en conversation avec une autre femme; un grand nombre d'accessoires et d'ustensiles de ménage ornent et enrichissent cette composition.

35. Adam Pynacker.

Frappé par les rayons de la lumière céleste qui environnent les anges annonçant aux bergers la naissance du Messie, un pâtre est agenouillé près d'une chaumière en ruines; un taureau effrayé par cette soudaine apparition se sauve en mugissant; dans le lointain, sont d'autres bergers qui gardent leurs troupeaux et qui semblent, les uns encore sous l'impression de la frayeur, les autres dans le ravissement à la vue du prodige.

36. Willem Van Mieris.

Intérieur de cuisine. — Une jeune servante, debout

et vue par le dos, placée près de la cheminée d'une cuisine, vient d'embrocher un gigot qu'elle se dispose à mettre au feu. Une autre femme est assise et s'occupe à ratisser des carottes; l'attention qu'elle donne à son ouvrage l'empêche de s'apercevoir de l'arrivée d'un chat qui lui vole des poissons; derrière cette femme, un valet d'office aiguise des couteaux. On remarque encore une volaille accrochée au mur, de la viande, du gibier et un grand nombre d'accessoires.

—

M. le comte Vilain XIIII.

37. David Teniers, fils.

Intérieur où un chirurgien est occupé à faire une opération au pied d'un vieillard; auprès d'eux, est une femme qui regarde le patient avec pitié. Sur un plan plus éloigné, à la gauche de ce groupe, est un aide qui prépare un cataplasme; deux autres personnages sont occupés dans le laboratoire.

—

M. le vicomte de Beughem.

38. David De Heem.

Nature morte; — des fleurs, des fruits, et un homard posé sur une table.

M. le baron de Peuthy.

39. David Teniers, fils.

Le retour d'Egypte de la sainte Famille.

—

M. le vicomte Bernard Du Bus de Gisignies.

40. David Teniers, fils.

Dans un intérieur est assis, sur un escabeau, un bon buveur à la mine rubiconde et tenant un verre de bière à la main; à la manière dont il regarde, on devine aisément qu'il a déjà fait de copieuses libations; près de lui, est une femme qui lui prépare du tabac; au fond, est le paysan favori de Teniers.

41. Adrien Van de Velde.

Ce tableau représente une rivière de Hollande, prise par la glace, et sur laquelle un grand nombre de personnages s'amusent à patiner; près d'eux à droite, sont deux dames et un gentilhomme dans un superbe traîneau tiré par un cheval blanc; à gauche, est un groupe de cinq gentilshommes jouant à la crosse.

Ce tableau est daté de 1668, et décrit dans le *Catalogue raisonné* de Smith, tome V, page 217.

42. Corneille Huysmans, dit Huysmans de Malines.

Paysage, vue de Flandre. — Site montagneux animé de quelques figures.

43. Le même.

Pendant du précédent. Paysage montagneux avec quelques personnages.

—

M. le duc d'Ursel.

44. Pierre-Paul Rubens.

Belle esquisse représentant la continence de Scipion.

SALLE C.

A Sa Majesté le Roi.

45. Frère Jean, dit Angelico de Fiesole.

La sainte Vierge et l'enfant Jésus.

Tableau plein de suavité, dont le sentiment naïf se rapproche tout à fait des traditions byzantines, et répond parfaitement aux pieuses inspirations qui guidaient, au fond du cloître, Angelico de Fiesole, le peintre de la religion.

La Vierge est assise, tenant du bras gauche son divin enfant debout, une branche de lis à la main ; un vase rempli de fleurs mystiques est placé à la droite. La madone et l'enfant Jésus se détachent sur un fond d'or, et trois archanges déploient avec grâce une magnifique draperie, tandis qu'au pied du groupe céleste, deux anges chantent en s'accompagnant l'un d'un orgue portatif, l'autre d'une mandoline-théorbe. — Rien de pur et de suave comme les expressions de toutes les physionomies, comme les naïves attitudes de tous les personnages. Quant aux couleurs bleu-tendre, rose, rouge, etc., elles s'harmonisent de la manière la plus heureuse avec l'or qui éclate de toute part dans cette belle et touchante composition.

45 *bis*. André Vannuchie, dit André del Sarto.

La Vierge aux anges. — Sur une draperie verte, se détache la Vierge tenant sur un genou l'enfant Jésus, à côté duquel on voit le petit saint Jean, et de l'autre côté trois anges également occupés du divin Enfant qui leur montre un fragment de papyrus sur lequel on lit ces mots : *Agnus Dei*.

Toute la composition est empreinte de calme, de suavité ; la douce et pure physionomie de la Vierge répond admirablement à l'expression des traits de l'enfant Jésus, de saint Jean et des anges, dont la grâce s'unit à une inspiration céleste. — Ce groupe est surtout remarquable par son ensemble où les tons de chair et les chevelures produisent une harmonie charmante, qui fait que l'œil tourne pour ainsi dire autour des personnages.

—

M. le comte Robert de Cornelissen.

46. ANTOINE VAN DYCK.

La Vierge tient sur son genou l'enfant Jésus ; près d'elle est sainte Catherine qui contemple avec délices son divin Époux ; elle a les mains croisées sur la poitrine et tient dans l'une d'elles la palme du martyre.

Ce tableau fut peint par Antoine van Dyck à Gènes, pour la famille du marquis Cambiano, dont il orna l'oratoire jusqu'en 1840, époque à laquelle M. le comte R. de Cornelissen en fit l'acquisition (1). — Il est gravé.

47. PIERRE-PAUL RUBENS.

Portrait d'un jeune homme. — Ce personnage à la figure mâle et sévère, est revêtu d'un pourpoint de satin noir brodé, que recouvre en partie un manteau de drap noir ; de la main gauche, il tient un chapeau orné d'une plume, sa main droite est appuyée sur sa hanche ; sur son pourpoint, repose majes-

(1) Note communiquée par le propriétaire.

tueusement une fraise artistement plissée et découpée.

Au fond, est une large draperie rouge, sur laquelle ressort avec vigueur la tête du personnage.

48. Le même.

Pendant du précédent. Portrait de femme. — Ce portrait nous offre une dame richement vêtue d'un casaquin noir, recouvrant un corsage en drap brodé d'or; sa tête, qui surmonte une large collerette gauffrée, est coiffée d'un bonnet enrichi de pierreries; sa main droite, ornée de bagues et de bracelets en or, tient une riche cassolette; sa main gauche est appuyée sur une table recouverte d'un tapis à riches dessins; les manches du casaquin sont brodées et ornées aux poignets de manchettes en guipure.

Au fond, un rideau rouge, à larges plis, laisse voir le ciel éclairant un paysage d'un effet magnifique.

Ces deux portraits sont gravés à l'eau forte par Spruyt, et décrits dans Smith, *Catalogue raisonné*, tome II, page 263.

49. Willem Van de Velde.

Cette belle et grande toile représente le départ de la flotte hollandaise commandée par l'amiral De Ruyter et allant combattre les forces navales réunies de la France et de l'Angleterre. Au centre de la composition, est le vaisseau amiral qui donne le signal du départ. La mer est légèrement agitée, et un ciel nuagé fait présager l'approche d'un gros temps.

50. Jean Weenix.

Dans un parc embelli par de nombreuses statues, une jeune fille à la chevelure blonde et bouclée, vient de cueillir un bouquet; à ses pieds est un coq près d'un faisan doré; au centre et au premier plan, deux perdrix ; à gauche, est un vase en pierre orné de bas-reliefs; au bas, divers fruits, parmi lesquels on remarque un melon, des pêches, des prunes et des raisins; du milieu s'élèvent, avec majesté, des pavots avec leurs branches et leurs feuilles dentelées et largement découpées.

51. Jean Fyt.

Gibier mort gardé par des chiens; le fond de cette belle et riche composition offre un paysage.

52. Corneille Decker et Adrien Van Ostade.

Intérieur d'une forêt. — Au centre du paysage, Adrien van Ostade a réuni un groupe de trois figures et un chien; plus loin sont quelques villageois.

53. Jean Asselyn.

La droite de la composition est occupée par un pont dont les arches sont fortement éclairées par le soleil; un troupeau de bestiaux traverse à gué la rivière; le fond est montagneux.

54. JEAN VAN HUGTENBURG.

Dans le parc d'un superbe château, et près du pavillon de chasse de Stupinigi, appartenant à la maison royale de Savoie, sont réunis des personnages de distinction qui se préparent à faire une partie de chasse.

55. PIERRE NEEFS.

Vue de la cathédrale d'Anvers, enrichie d'un grand nombre de figures par Adrien Stalbent.

56. JEAN STEEN.

Intérieur de ménage. — L'artiste a réuni dans cette charmante composition neuf figures, dont la principale est une jeune femme assise tenant un enfant sur ses genoux ; derrière elle est un homme à la mine grivoise qui semble lui conter fleurette ; à la gauche de cette femme est un cavalier debout, qui porte la santé du bon mari occupé des pénibles soins du ménage.

57. ADAM PYNACKER.

Site d'Italie éclairé par un ciel nuagé. — A droite, se remarquent des ruines d'habitation ; des bouleaux à l'écorce brillante, des ronces et de vieux troncs d'arbres garnissent les premiers plans; une rivière se déroule sous le feuillage des arbres, dans les derniers plans de gauche ; le lointain est richement accidenté de montagnes ; des vaches et d'autres animaux sont gardés par deux pâtres.

58. David Teniers, fils.

Intérieur de cuisine ou chambre basse garnie d'ustensiles de ménage, de légumes, de fruits et de volaille ; tous ces objets de détails occupent la partie gauche du tableau et se détachent sur un fond de muraille où pendent une gibecière, une gourde et un chandelier ; près de la table est une chaise sur laquelle un villageois a posé son bonnet de couleur rougeâtre ; un jeune garçon, portant un plat, est la figure principale qui orne ce tableau ; sur un plan plus reculé, sont trois autres personnages auprès d'une cheminée.

Ce délicieux tableau a fait partie de la galerie de la Malmaison, et l'impératrice Joséphine en fit présent à M. Foncier.

59. Adrien Van Ostade.

Ce précieux panneau nous offre une des plus charmantes compositions qui soient dues au pinceau d'Adrien van Ostade.

Dans un intérieur rustique, près d'une table, sont réunis trois personnages, entre autres une bonne femme à la mine rubiconde, tenant à la main un verre de bière, et prêtant toute son attention aux propositions que lui fait un joyeux compagnon, qui tient une cruche d'une main et de l'autre une pièce de monnaie qu'il paraît lui offrir; près d'eux, debout, est un troisième individu qui a abandonné un moment les délices de la pipe pour se mêler à la conversation.

—

M. le marquis Théodule de Rodes.

60. PHILIPPE WOUVERMAN.

Le manége. — Près de la demeure d'un maquignon, et sur une place servant de manége, est un palefrenier retenant à grand'peine un cheval bai qui lance des ruades à un cavalier occupé à exercer à la longe un sauteur alezan; au premier plan, est un gentilhomme qui relève sa botte, et qui rit de l'embarras du pauvre palefrenier; près d'eux est un troisième personnage montant un cheval blanc, puis un jeune homme tenant un chien en laisse; plus loin deux autres spectateurs semblent prendre également part à cette scène; le lointain, à droite, est formé par un fond de paysage.

Ce tableau est cité dans le *Catalogue raisonné* de Smith, tome IX, page 163.

61. ALBERT CUYP.

Paysage. — Vers la droite, sur une éminence, un

homme à cheval cause avec des pâtres occupés à garder un troupeau de vaches; un groupe d'arbres couronne un monticule; à gauche, une mare d'eau, coupée de broussailles et de plantes de différentes espèces, précède le second plan, où l'on aperçoit les ruines d'un vieux château; plus loin, une immense étendue de pays entrecoupé d'arbres se perd dans l'horizon, que couvre un ciel légèrement nuagé.

—

M. le baron Van de Woestyne d'Herzèle.

62. Nicolas Berchem.

Le passage du gué. — On remarque à droite, près d'un aqueduc en ruines, une femme à cheval, ayant près d'elle un âne et deux vaches; elle vient de sortir d'un gué que traversent trois autres vaches, deux moutons et une chèvre, et cause avec un pâtre, en attendant le reste de son troupeau; plus loin, du même côté, sous une arcade, un villageois, suivi de son chien, chasse devant lui quelques bestiaux; à gauche, sur le bord de la rivière, un homme excite un jeune garçon armé d'un bâton à frapper un âne indocile qui refuse de passer le gué; près d'eux est un chien; on voit plus loin des collines d'un ton bleuâtre, sous un ciel nuagé.

63. David Teniers, fils.

Le concert de village. — Au milieu d'une salle

rustique, une femme et quatre hommes entourent une table sur laquelle est un papier de musique; tandis que deux d'entre eux jouent de la vielle et de la musette, les autres chantent à gorge déployée et attirent l'attention de deux villageois, que l'on aperçoit accoudés sur l'appui d'une fenêtre. A gauche, une porte ouverte laisse voir un curieux qui écoute.

Ce tableau, si plaisant, si spirituel et si vigoureusement peint, provient de la collection du prince Louis Bonaparte.

64. Rachel Ruysch.

Des champignons et quelques fleurs dans un paysage; au premier plan, on voit une sauterelle, un lézard et quelques papillons.

65. Jean-Baptiste Greuze.

Tête de jeune fille.

—

M. le comte Albert Van der Burch.

66. Dirck Van Bergen.

Dans un paysage fortement boisé est réuni un troupeau de bestiaux gardé par un pâtre et une bergère.

Cette toile est exécutée dans la manière d'Adrien van de Velde auquel on attribue souvent les œuvres de ce maître.

—

M. le comte Vilain XIIII.

67. Willem Van Mieris.

La bonne mère.— Dans un intérieur, une jeune et jolie femme assise tient sur ses genoux son enfant auquel elle donne de la bouillie; auprès d'elle est un jeune garçon tenant un pot à la main, et qui contemple avec plaisir le marmot; aux pieds de la femme est un bel épagneul.

Un berceau d'osier et de nombreux accessoires enrichissent cette composition, une des plus parfaites qui soient dues au pinceau de Willem Van Mieris.

68. Adrien Van Ostade.

Les plaisirs des buveurs. — Dans une chambre basse, ou estaminet de village, sont réunis dix individus de la plus ignoble espèce; au premier plan, un buveur assis tient une cruche de la main droite et de l'autre une pipe; près de lui est un autre ivrogne qui, le verre à la main, cause avec un troisième personnage, à la mine grotesque, coiffé d'un bonnet orné d'une plume de coq; ce groupe est vivement éclairé par le soleil ; à gauche un buveur couché à terre et plongé dans l'ivresse reçoit les soins empressés d'une femme; au fond sont encore quelques figures.

Gravé par Pelletier sous le titre de *Les plaisirs des buveurs.*

69. Le même.

Pendant du précédent. La colère des buveurs. — A la suite de copieuses libations, quatre compagnons échauffés par la boisson, se sont pris de querelle, et se livrent un combat acharné; les couteaux sont tirés et le sang va couler ; mais une femme effrayée par le danger cherche à détourner les coups qu'un de ces rustres veut porter à son adversaire; au fond, une femme couchée à terre, retient également un individu qui, armé d'une fourche, accourt pour prendre part à la lutte.

Gravé par Pelletier sous le titre de *La colère des buveurs.*

—

M. le vicomte Bernard Du Bus de Gisignies.

70. Willem Van de Velde.

Sur cette mer calme et pourtant si redoutable et si grande, Willem van de Velde, par son pinceau puissant, vient de faire revivre une belle page de l'histoire de Hollande; il nous fait assister à cet épisode intéressant d'un combat naval célèbre, la prise du grand vaisseau « the Royal Prince. »

Cet événement eut lieu le 3 juin 1666, 3e jour de la bataille livrée par le lieutenant-amiral De Ruyter à la flotte anglaise commandée par Monck, duc d'Albemarle.

71. Adrien De Pape.

Intérieur. — Un homme, coiffé d'un bonnet de nuit, fume sa pipe ; il est auprès du feu et cause avec une femme assise à une table : elle tient une cruche dans une main et, dans l'autre, un morceau de pain ; un petit garçon portant une marmite se met à ses genoux. Des ustensiles de ménage et d'autres accessoires enrichissent cette composition.

72. Melchior Hondekoeter.

Dans un beau paysage, où l'on aperçoit çà et là quelques débris d'architecture, on voit un magnifique coq de basse-cour, la patte levée, l'œil aux aguets, et paraissant craindre quelque danger; une belle poule blanche, attentive à tous ses mouvements, s'empresse de s'entourer de ses poussins pour les protéger; sur le devant du tableau, des canards au brillant plumage surveillent leurs petits qui se baignent dans un courant d'eau.

73. Rachel Ruysch.

Du sein d'un grand bocal placé sur une tablette de pierre, s'élève un splendide bouquet de fleurs, si fraîches, si élégantes, si savamment rendues, qu'elles semblent avoir à peine quitté le parterre où elles ont pris naissance; elles sont si vivantes qu'on en respire encore le parfum.

74. Corneille Bega.

Intérieur d'estaminet où sont, au premier plan, un homme et une femme assis et en conversation; au fond, se voient encore trois autres buveurs.

75. Jean Van Hugtenburg.

Bataille. — Toute la gauche est occupée par des cavaliers combattant à l'arme blanche et au pistolet; au centre du premier plan est un cheval blanc portant un cavalier, qui saisit d'une main un ennemi et de l'autre va le percer de son épée; plusieurs hommes et chevaux, tués ou blessés, gisent à terre; au fond est une sanglante mêlée de fantassins et de cavaliers.

76. Jean Meel, dit Miel.

Dans l'intérieur d'une cour d'hôtellerie sont groupés plusieurs personnages; à droite, vient d'entrer un muletier conduisant son mulet pesamment chargé, que suivent un cheval blanc et un âne; deux hommes assis à terre boivent et mangent; au centre, est une marchande de gâteaux tenant sur ses genoux un enfant; à gauche sont deux mendiants. Plusieurs figures ornent encore cette production.

—

M. le comte Amédée de Beauffort.

77. Pierre-Paul Rubens.

Tête d'un des mages, représentant Gaspard; ce vieillard, à barbe blanche, vu de profil, tient d'une main une coupe remplie d'or.

Cette précieuse étude provient de la famille des comtes de Roose.

—

M. le baron de Séeus.

78. Paul Rembrandt.

Portrait d'un jeune homme, vu de trois quarts, et dont la figure est fortement éclairée par le soleil; sur la tête il porte une petite toque ornée de plumes.

—

M. le comte Ludovic de Robiano.

79. Emmanuel De Wit.

Intérieur d'un temple protestant. — Le ministre

est en chaire, et prononce son sermon devant un nombreux auditoire.

80. Ludolf Backhuysen.

Vue prise en Hollande. Mer agitée sur laquelle naviguent plusieurs bateaux de pêcheurs et des chaloupes.

—

M. le comte Maurice de Robiano.

81. Jean Steen.

L'artiste nous représente dans cette gracieuse composition la Fête de la rosière. La jeune fille, qui a été proclamée la plus sage, la plus vertueuse, est reçue à l'entrée du château par l'époux qui lui est destiné et qui, le chapeau à la main, la salue respectueusement; une suite nombreuse l'accompagne; une femme et des enfants sèment des fleurs sur le passage du cortége; sur le perron du château sont le seigneur de l'endroit et sa famille prêts à recevoir la rosière; dans une tribune, au-dessus du portail, sont des musiciens chantant des hymnes; sur un balcon décoré d'un tapis de Smyrne, un orchestre exécute des symphonies.

—

M. Désiré Van den Schrieck.

82. Jean Wynants et Adrien Van de Velde.

Délicieux paysage dont le premier plan est en

grande partie occupé par des tertres sablonneux que borde un ruisseau; sur le chemin, un pâtre conduit un troupeau de bestiaux; à gauche, est un vieux chêne dépouillé de ses feuilles; le lointain est montagneux.

Les figures sont dues au pinceau d'Adrien van de Velde.

83. Pierre-Paul Rubens.

Deux anges enlèvent le corps de Ste.-Catherine abandonné après son martyre par les bourreaux; près d'elle sont les instruments de son supplice.

84. David Teniers.

Fête de village. — Près d'un cabaret sont réunis neuf paysans occupés à jouer aux boules; plus loin, sur le chemin qui mène dans l'intérieur du village, on remarque encore plusieurs figures diversement groupées.

—

M. **Théodore Patureau.**

85. David Teniers, fils.

Intérieur d'un corps de garde, où, au premier plan, près d'une table, sont groupés cinq personnages dont l'un, qui paraît être un officier, vêtu d'une soubreveste en buffle, ceint de son écharpe, un chapeau à plumes sur la tête, joue aux dés avec un subalterne; trois autres personnages dont l'un est un vieillard à barbe blanche, les regardent attentivement; à gauche, toujours au premier plan, sont placés un drapeau, un tambour, quelques armures, une belle selle garnie en velours cramoisi, plusieurs cuirasses, casques, etc.; au deuxième plan, et près de l'âtre d'une vaste cheminée, deux paysans sont en conversation; à la porte, un sergent, la hallebarde à la main, donne des ordres à quelques paysans.

Le pendant de ce magnifique tableau se trouve dans la galerie de la reine d'Angleterre.

—

M. Gustave Coûteaux.

86. DAVID TENIERS, fils.

Intérieur de cuisine. — C'est le moment des apprêts d'un grand festin : la maîtresse de la maison se montre à l'embrasure d'une fenêtre et paraît observer si chacun est à son poste. Ici c'est un cuisinier près de deux lièvres et quatres faons; son attention est fixée par l'approche d'un jeune homme portant un lièvre suspendu à un bâton; derrière lui, est une porte ouverte par laquelle entre une femme tenant un plat; deux hommes sont à l'extrémité de la chambre : près d'une grande cheminée, l'un d'eux est occupé à arroser quatre broches chargées de grosses viandes et de volaille; plusieurs canards, perdreaux et autres oiseaux, sont sur le premier plan; à gauche, des viandes de différentes sortes sont entassées sur une table, auprès de laquelle un homme est occupé à larder des poulets. On remarque encore, suspendus à un croc, un dindon et des pigeons.

Ce tableau provient de la collection Lebrun, et est cité dans le *Catalogue raisonné* de Smith, tome III, page 372.

87. PHILIPPE WOUWERMAN.

L'Abreuvoir. — A l'entrée d'une rivière, des palefreniers font baigner leurs chevaux; toute leur attention est fixée sur un de leurs compagnons, qui vient d'entrer dans l'eau pour faire baigner sa monture sur laquelle il ne peut se tenir, car le cheval se couche et va le renverser; un autre palefrenier, monté sur un cheval blanc, vient de sortir de l'eau, et rit de la mésaventure de son compagnon.

—

M. le chevalier Camberlyn.

88. GASPARD NETSCHER.

Portrait d'un jeune homme représenté debout,

vu jusqu'aux genoux, dans un paysage, et ayant le bras droit appuyé sur un bas-relief.

89. Le même.

Pendant du précédent. Portrait d'une jeune et jolie femme, également debout dans un parc, les bras croisés et tenant de la main gauche une branche de fleurs d'oranger; elle est vêtue d'une robe de satin blanc à manches à crevés.

Ces précieuses productions représentant des membres de la célèbre et opulente famille Huygens de La Haye, ont été religieusement conservées jusqu'à ce jour dans leurs bordures primitives, et proviennent de la vente faite après décès, en 1825, de la collection de M. Jean Huygens, haut conseiller du Delfland, où M. le chevalier Camberlyn en fit l'acquisition.

90. Albert Cuyp.

Dans un plat de porcelaine du Japon, posé sur une table, sont réunies des pêches, sur une desquelles une mouche est occupée à butiner, et une grappe de raisin; sur le tapis à gauche, sont quelques fruits et les débris d'une noix; des papillons voltigent çà et là.

Cette production peut être considérée comme un des types les plus parfaits du maître en ce genre.

M. le capitaine Lehon.

91. Nicolas Maas.

Portrait d'un jeune homme représenté debout dans un paysage, le bras droit posé sur le chapiteau d'une colonne, et la main gauche appuyée sur la hanche.

—

M. le général baron Jolly.

92. Barthélemy Van der Helst.

Portrait d'homme vu à mi-corps, habillé de noir avec de larges manches à crevés, et qui, de la main gauche, attache son pourpoint.

—

Mad. la vicomtesse de Beughem.

92 *bis*. École de Antoine Van Dyck.

Le Christ au roseau.

—

M. Fremin du Sartel.

93. École de Rembrandt.

Vieille femme dans son cabinet d'étude.

M. Cels, père.

94. EMMANUEL DE WIT.

Intérieur d'un temple protestant.

—

M. Delloye-Tiberghien.

95. LÉONARD DE FRANCE, de Liége.

Intérieur où sont réunis plusieurs personnages, en costumes de la fin du XVIIIe siècle.

96. LE MÊME.

Intérieur. — Pendant du précédent.

—

Madame de Schiplaeken.

97. INCONNU.

Portrait d'homme représenté assis dans un paysage et ayant auprès de lui un chien lévrier.

98. INCONNU.

Portrait de femme représentée également assise dans un paysage, et ayant auprès d'elle deux jeunes personnes.

—

M. Nicaise.

99. Inconnu.

Portrait de La Fontaine.

100. De Heem.

Fleurs et fruits.

SALLE D.

M. le duc d'Ursel.

101. Jacques d'Artois et Michel Schoevaerdts.

Paysage, vue de Flandre.

102. Les mêmes.

Même sujet.

—

M. le comte de Renesse-Breidbach.

D'après le Titien.

103. Portrait d'homme.

—

M. Delloye-Tiberghien.

104. CORNEILLE POELENBURG.

L'assomption de la Vierge.

—

M. le comte J. de Baillet.

105. DIRCK MAAS.

Bataille du prince Eugène, que l'on croit être celle de Malplaquet.

—

M. le vicomte de Beughem.

106. ABRAHAM VAN DIEPENBEECK.

La Vierge tenant sur ses genoux l'enfant Jésus.

—

M. le comte Albert Van der Burch.

107. LUDOLF BACKHUYSEN.

Battu par les vagues d'une mer en furie, un bateau pêcheur lutte contre la tempête; près de la côte, est échoué un navire dont les débris voguent çà et là au gré des flots.

108. JEAN VAN DER HAGEN.

Ce site offre la vue d'une rivière sur laquelle est un vaste pont composé de neuf arches qui réunit les deux rives; à droite, on aperçoit les premières habitations d'une ville parmi lesquelles on distingue le clocher d'une église; au premier plan, sur la grève, un peintre, occupé à dessiner ce site, est en conversation avec un cavalier, dont un page tient la monture.

109. THÉODORE DE KEYSER.

Portrait en pied d'une jeune femme appuyée sur la rampe d'une balustrade; elle est richement habillée de satin noir, et porte des manchettes en dentelles.

—

M. le comte Vilain XIIII.

110. JOSEPH VAN CRAESBEKE.

Dans un intérieur, sont à table quatre personnages et une femme qui, un papier de musique à la main, chante accompagnée d'un joyeux compère à la mine grivoise; au premier plan est un jeune musicien richement vêtu et qui, debout, le chapeau à la main, regarde en souriant un homme et une femme assis à la gauche du tableau près d'une table, sur laquelle sont posés quelques ustensiles de ménage; au fond, près de la cheminée, un vieillard et une femme sont en conversation.

Ce tableau fut exécuté par l'artiste pour les ancêtres de M. le comte Vilain XIIII.

—

M. le vicomte Hippolyte Vilain XIIII.

111. Balthazar Beschey.

Réduction du tableau de Pierre-Paul Rubens, représentant la sainte Famille.

—

M. Berré de Haen.

112. Richard Brakenburg.

Riche composition où, dans un intérieur d'estaminet de village, sont réunis divers personnages, de tout âge et de toutes conditions, occupés à se divertir.

113. Corneille du Sart.

A la porte d'une guingette, et au premier plan, est assis un bon villageois qui, le bras appuyé sur le dossier d'une chaise, fume sa pipe avec délices; près de l'habitation sont des buveurs qui se divertissent; le fond est terminé par un paysage où l'on remarque encore quelques figures.

—

M. Désiré Van den Schrieck.

114. ARTHUR VAN DER NEER.

Ce beau paysage représente un canal, sur les rives duquel on remarque à droite et à gauche de nombreuses habitations qui annoncent l'un des villages pittoresques de la Hollande. Ce site est d'un effet magique et saisissant; quelques barques voguent çà et là sur la rivière; le ciel est couvert de nuages, et la lune qui a peine à les percer, répand au loin une clarté douteuse qui porte à la rêverie.

—

M. Gustave Coûteaux.

115. JEAN STEEN.

Distribution de vivres après un enterrement. — Au centre de cette composition, est le jeune héritier affublé d'un vaste manteau noir et la tête coiffée d'un énorme chapeau à larges bords; des sœurs de charité, dont le triste ministère est terminé, sortent de la maison mortuaire, dans l'intérieur de laquelle on voit le bailli du lieu; à la porte est un bon vieillard qui lit une complainte en l'honneur du défunt; à la gauche est une table couverte de vivres, parmi lesquels on remarque un jambon qu'un paysan, le couperet en main, taille avec ardeur; derrière, sont plusieurs figures diversement impressionnées; à terre sont divers accessoires.

SALLE D.

M. le marquis Théodule de Rodes.

116. Jean Van der Heyden.

Paysage dont la droite est occupée par des habitations exécutées avec tout le fini précieux et le détail qui distinguent si éminemment le pinceau de Van der Heyden ; au premier plan, est une mare d'eau sur laquelle sont des canards qui, effrayés par l'approche d'un chien, gagnent le large; près d'eux, sur le chemin, sont deux enfants qui s'amusent de cette scène, puis un personnage de distinction et sa dame , suivis d'un page, qui se promènent dans ce délicieux paysage.

M. le marquis Théodule de Rodes.

116 *bis*. Jean Both.

Paysage charmant, occupé à droite par une belle nappe d'eau, à gauche par des collines couvertes de nombreux massifs, et, sur le premier plan, par des rochers, du milieu desquels s'élèvent quelques arbres de haute futaie. Sur un chemin qui traverse de droite à gauche le passage, chemine, sur un âne, un pâtre chassant un troupeau de chèvres devant lui. Un ciel légèrement nuageux éclaire cette scène suave où la limpidité des eaux le dispute à la légèreté et la finesse du feuillage des arbres.

117. Nicolas Berchem.

Paysage, site d'Italie. — Assise au premier plan, une femme tient un enfant sur ses genoux; près d'elle est un pâtre gardant un troupeau composé d'un bœuf et de quelques moutons

118. Gaspard Netscher.

Assise dans un parc, près d'une fontaine, une jolie femme blonde, vue de face, le bras droit posé sur son agneau favori, paraît s'abandonner à d'agréables pensées. Ces vêtements de soie, ne couvrant la gorge qu'en partie, et ce collier de perles, contrasteraient avec la houlette et la brebis, si l'on ne savait que les grandes dames du siècle de Louis XIV se plaisaient à se faire représenter en bergères.

119. Rachel Ruysch.

Paysage dont le premier plan est occupé par des champignons et quelques fleurs de mauves, autour desquels butinent des papillons ; sur le chemin rampe un escargot.

Il serait impossible de rendre la nature avec plus de vérité et de perfection que l'a fait cet artiste dans ce petit panneau.

120. Eglon Van der neer.

La laitière au bain.—Dans un paysage et au pied d'un arbre est assise une jeune villageoise sortant de l'eau; près d'elle sont ses vêtements et une cruche en cuivre.

121. Paul-Balthazar Ommeganck.

Au milieu d'une plaine, que borne à gauche une chaumière entourée d'arbres et dont la cour est ceinte d'une barrière en paille, est un troupeau composé de moutons, de vaches et de chèvres; à l'ombre d'un arbre élevé est assis le pâtre qui adresse quelques mots à une villageoise qui s'apprête à traire les vaches; le premier plan est occupé par une chèvre et quatre moutons au repos, que quelques rayons d'un soleil du soir éclairent encore avec vigueur; derrière eux, un paysan tient un cheval noir; auprès et au centre sont trois vaches couchées; près du berger et contre la barrière, est encore un groupe de moutons; à droite, on aperçoit quelques habitations, des rochers et des massifs d'arbres; l'horizon se termine par des collines élevées.

M. **Louis Gallait.**

122. Paul-Balthazar Ommeganck.

Vue prise dans les Ardennes.—Toute la gauche de cette vaste et riche composition est occupée par des massifs d'arbres de haute futaie; aux pieds de grands peupliers est assise une bergère; près d'elle un pâtre joue du flageolet; sur un plan plus éloigné, une femme est occupée à traire une vache, tandis qu'une autre vache lèche l'écorce d'un arbre. Au premier plan, couchés sur le gazon, sont groupés plusieurs moutons vivement éclairés par le soleil, et parmi lesquels on remarque un bouc noir; plus à droite, près d'une plante à végétation luxuriante, est un beau mouton occupé à en manger les bourgeons; le lointain est terminé par des hautes montagnes au pied desquelles coule une rivière; sur le chemin que côtoie la rive sont plusieurs habitations, ainsi que quelques figures qui cheminent.

Il serait impossible de rencontrer une plus belle page du célèbre artiste anversois que ce magnifique tableau qui fut exécuté pour l'Impératrice Joséphine.

—

M. **Van den Berghen.**

123. Paul-Joseph Noel.

Dans un intérieur rustique, et près d'une table

où gisent encore les restes d'un repas, Noël s'est représenté grimaçant, et tenant à la main un bout de chandelle, avec lequel il vient de noircir une jeune fille d'auberge qui s'éveille tout ébahie et qui, les coudes encore appuyés sur la table, regarde les spectateurs; derrière elle, un paysan à la mine niaise indique du doigt la jeune fille et rit en goguenardant. Le pauvre diable! il ignore que lui aussi est dupe de la mystification et qu'on l'a gratifié d'une magnifique paire de moustaches; à droite, sur un banc, est assis un jeune homme auprès duquel se trouve une jeune fille; derrière eux, une bonne retient un enfant prêt à divulguer la plaisanterie; à gauche et tout au premier plan, un homme assis et le bras appuyé sur le dossier de sa chaise, rit aux larmes de cette scène comique.

On se rappelle toujours la sensation que produisit un tableau de ce maître représentant à peu près le même sujet, exposé en 1818, au salon des beaux arts (1), et l'empressement avec lequel les amateurs recherchèrent alors les œuvres de cet artiste.

—

M. le vicomte Bernard Du Bus de Gisignies.

124. Paul-Joseph Noel.

Noel s'est représenté lui-même dans cette com-

(1) Ce tableau se trouve aujourd'hui dans la galerie de M. J. Steengracht van Oostkapelle, à La Haye.

position travesti en paysan, et coiffé d'un bonnet de femme, il tient dans ses bras un chat emmailloté auquel il fait des grimaces et qu'il dorlote comme un enfant; le pauvre animal semble peu goûter ce divertissement, et répond en miaulant aux aboiements d'un chien; les spectateurs de cette scène rient de tout cœur.

Ce sujet est traité avec tant de comique et de vérité qu'on est forcé en le voyant de prendre part à la joie des personnages qui le composent.

Ce tableau fut exécuté pour feu M. Francken, de Lokeren, un des amateurs distingués du pays, et peut être considéré comme l'un des plus précieux et des plus spirituels du maître. Il a été exposé au salon de Gand, en 1820, et gravé par C. Normand.

—

M. **Chapuis**.

125. Pierre-Paul Rubens.

Au premier plan est saint François agenouillé, supportant le monde que tient sous ses pieds la Religion; à droite, dans un char traîné par des aigles, sont Charles-Quint, Philippe II et Philippe III; à gauche, dans un autre char traîné par des lions, est la Justice qu'accompagnent la Vérité, l'Egalité et la Force.

Au premier plan à droite, sont l'archiduc Ferdinand et Philippe IV que suivent des moines; à gauche est l'Hérésie que d'autres moines précipitent dans la gueule d'un monstre.

Ce tableau en grisaille est gravé par Pontius.

Attribué à ANTOINE VAN DYCK.

126. Tête de saint François.

—

M. **Van Becelaere.**

127. JEAN-FRANÇOIS VAN DAEL.

Cette belle page, qui passe à juste titre pour le chef-d'œuvre de cet artiste, représente, posé sur l'appui d'une fenêtre cintrée, un vase d'albâtre du sein duquel s'élève un bouquet de fleurs de toute espèce, d'une fraîcheur et d'une vérité frappante; à gauche une bouteille de verre dans laquelle sont quelques roses de Hollande; sur le seuil de la fenêtre sont de belles pêches, deux grappes de raisin pendant à leur branche, et un nid de fauvettes; derrière le vase est une corbeille contenant des raisins chasselas.

128. PAUL-JOSEPH NOEL.

La sortie de la bergerie. — Un pâtre, marchant à

la tête de son troupeau, appelle au son d'une corne des bestiaux sortant de leur étable; plus loin une bergère fait sortir de la bergerie un troupeau de moutons.

129. JACOB VAN STRY.

Dans un paysage et près d'une barrière est un bœuf debout; derrière sont couchés quelques moutons; sur un terrain élevé et ombragé par des saules une bergère cause avec un pâtre.

130. HENRI DE CAISNE.

La jeunesse de Louis XIV.

—

M. **P. J. Huybrechts**, d'Anvers.

131. JEAN-CRÉTIEN SCHOTEL.

Marine.— Sur une mer houleuse vogue un bateau pêcheur qui précède un brick toutes voiles dehors; çà et là sont encore quelques embarcations.

132. PAUL-BALTHAZAR OMMEGANCK.

Sur la pointe d'un rocher, une chèvre broute quelques broussailles; au pied du rocher sont trois moutons couchés et un debout; sur la droite un berger assis caresse son chien; le fond est orné par une habitation, des massifs d'arbres et des arbustes qui se perdent sur les collines à l'horizon; le ciel est parsemé de légers nuages qui produisent un très-bel effet.

—

M. le comte de Buisseret de Blarenghien.

133. PHILIPPE DE CHAMPAGNE.

Portrait d'homme, en buste.

—

M. Ketelaars.

134. NICOLAS-TOUSSAINT CHARLET.

Gendarme-grenadier à cheval, en vedette.

135. PAUL-JOSEPH NOEL.

A la porte d'une étable, est assis un vieillard causant avec une jeune villageoise appuyée sur le cou d'une vache près de laquelle est un veau.

—

M. le baron Seutin.

136. PAUL-BALTHAZAR OMMEGANCK.

Ce charmant petit panneau représente la sortie de la bergerie.

137. Le même.

Repos d'animaux au pâturage.

SALLE E.

M. Van Becelaere.

138. Wynand Nuyen.

Sur la plage sont plusieurs bateaux de pêcheurs, que la marée a laissés à sec, et, sur le premier plan, un pêcheur, portant un panier sur le dos, marche dans l'eau.

139. Jean-Chrétien Schotel.

Un bâtiment démâté et battu par la tempête va se jeter à la côte qui est couverte de matelots prêts à secourir les naufragés. Sur la grève et au premier plan, des marins mettent à flot une barque de sauvetage; au fond sont encore plusieurs embarcations.

SALLE F.

Salon de S. A. S. le prince d'Arenberg.

140. Ludolf Backhuyzen.

L'approche d'un grain. — Sur une mer fortement

agitée un bateau, tirant après lui sa chaloupe, lutte contre les vagues, et des matelots serrent les voiles; il est hélé par un brick toutes voiles dehors, marchant sous le vent, suivi d'une division navale; à la droite, vogue une barque de pêcheurs; au fond, quelques embarcations; le ciel est chargé d'épais nuages qui font présager l'approche d'une tempête.

141. NICOLAS BERCHEM.

Paysage et animaux. — A droite est assis un berger occupé à tondre un mouton : il a suspendu son travail pour causer avec une bergère qui, debout près de lui, tient un agneau sous le bras; derrière ce groupe est une vache couchée; à gauche, au premier plan, sont plusieurs moutons au repos; le terrain est orné de quelques plantes, et le fond est formé par des montagnes.

142. JEAN et ANDRÉ BOTH.

Cette belle toile représente un site d'Italie, dont le centre est occupé par de grands arbres au pied desquels rampent des plantes sauvages; sur le chemin bordé d'arbustes sont des troncs d'arbres renversés; un homme affublé d'une peau de mouton et monté sur un mulet cause avec un berger appuyé sur un bâton; à gauche, un muletier chemine tirant après lui sa monture. Toutes ces figures sont dues au pinceau d'André Both; le paysage est montagneux et sillonné de routes où sont disposés çà et là des bouquets d'arbres; le fond est formé par des chaînes de montagnes qui se perdent à l'horizon. Cette belle page est éclairée par les rayons d'un soleil à son déclin.

Ce tableau est gravé à l'eau forte par J. Both.

143. Pierre De Hooghe.

Dans un salon dallé de marbre est assise près d'une fenêtre, une jeune femme, vêtue d'un casaquin de velours rouge garni d'hermine; elle interrompt sa lecture pour écouter un enfant vu du dos, richement habillé, qui lui parle, un cerceau à la main; une porte ouverte laisse voir une cour pavée de carreaux rouges et blancs; un cavalier sort et se dirige vers la porte d'entrée également ouverte. Toute cette partie vivement éclairée par le soleil produit un très-bel effet. A gauche dans l'appartement, est appendu au mur un tableau, qui représente Persée délivrant Andromède; au-dessous il y a une table couverte d'un riche tapis de Smyrne et une chaise en cuir; au premier plan un chien aboie après un singe.

Cette production peut être considérée comme un chef-d'œuvre du maître.

144. Gabriel Metsu.

Une jeune et belle hollandaise coiffée d'une fanchon, et dont une ample pélerine blanche recouvre en partie les épaules, est assise devant une table sur laquelle repose un beau vase en terre cuite contenant des fleurs; elle a interrompu sa lecture pour prendre une lettre que lui présente un jeune page; à travers une arcade on voit le jardin, et au fond, une riche habitation.

Ce tableau provient de la collection de la douairière Borel.

145. David Teniers, fils.

Jeu de quilles. — Dans un paysage entrecoupé de vergers et de maisons, et dont la gauche est occupée par un estaminet de village à la porte duquel est la cabaretière, sont, au premier plan, quatre paysans dans des attitudes différentes, et dont toute l'attention est absorbée par le jeu d'un campagnard qui s'apprête à lancer sa boule; au fond est un paysan qui chemine.

146. Paul Potter.

Près d'une grange construite en planches et couverte de chaume et derrière laquelle s'élèvent un hêtre et un saule en partie dénudés, un homme cause avec une femme conduisant à la lisière un enfant; derrière eux est un cheval dont on voit la croupe; sur un plan plus éloigné une laitière traît une vache; un bélier et trois moutons sont auprès d'elle; au premier plan un bélier se dispose à brouter l'herbe, près d'un mouton couché ; à gauche, est une belle vache brune au repos vue de face; à l'entrée de la grange sont encore deux moutons; le terrain est orné de troncs d'arbres et d'une plante près de laquelle voltige un papillon.

Ce bijou de l'art a fait partie des collections célèbres de Randon de Boisset, du prince Lucien Bonaparte, et a été gravé par Voght dans le catalogue de cette galerie, sous le n° 19 du 2me salon.

147. Jean Van der Heyden et Adrien Van de Velde.

Vue de ville. — Tout le devant de la composition est traversé par un canal sur lequel sont une barque amarrée et une autre voguant à force de rames; le quai est planté de grands arbres, à travers le feuillage desquels on voit de splendides habitations d'Amsterdam qui le bordent; ce site est animé de plusieurs figures peintes par Adrien van de Velde. Tout est exécuté, dans cette charmante composition, avec le précieux fini qui distingue le pinceau de ce maître.

148. Jean Steen.

Les noces de Cana. — Au centre d'une vaste salle divisée par des arcades, décorée de guirlandes de fleurs et d'un ample rideau relevé, est placée sur une estrade la table où sont réunis les conviés à la fête, au milieu desquels on voit la jeune mariée;

sur le devant de l'estrade, au haut de l'escalier, est le Christ qui opère le miracle ; vis-à-vis de lui est assise la sainte Vierge; un jeune page agenouillé et tournant le dos au spectateur emplit un verre de l'eau changée en vin. La balustrade, qui entoure et sépare cette partie de la salle, est décorée de riches tapis ; à droite et à gauche dans la profondeur, sont dressées des tables où se groupent de joyeux convives, parmi lesquels on distingue Jean Steen, assis près de la porte d'entrée et retenant par le pan du manteau, un homme, dont la mine et l'embonpoint accusent un joyeux compagnon, que le manque de vin a mis de mauvaise humeur et qui se dispose à se retirer ; une femme intercède auprès de lui et paraît chercher à calmer son courroux. Sur la première marche de l'escalier, un vieil ivrogne, le chapeau à la main, contemple avec joie un verre de vin qu'il tient dans l'autre ; une femme, assez amplement pourvue de provisions, cherche à l'emmener avec elle ; près d'eux, debout sur l'escalier, un pharisien regarde le Christ avec hauteur ; au premier plan, à droite, un riche personnage paraît étonné du miracle opéré ; près de lui sa femme goûte un verre de vin, que vient de lui, présenter un valet ; derrière eux est une bonne donnant à manger à un enfant coiffé d'un bourrelet ; au premier plan, un jeune garçon fait rouler un tonneau vide. Au-dessus du perron d'un escalier transformé en orchestre, des musiciens exécutent des symphonies; un grand nombre de figures enrichissent encore cette composition capitale du maître le plus spirituel de l'école Hollandaise, et qui est considérée à juste titre comme son chef-d'œuvre en ce genre.

Un amateur, reprochait un jour à Jean Steen l'inconvenance d'avoir mêlé ainsi à un sujet sacré des scènes profanes de buveurs, celui-ci répondit qu'il avait placé un rideau prêt à tomber sur la scène, pour ceux qu'une pareille licence pourrait blesser.

Ce tableau provient de la collection du duc de Berry.

149. Gaspard De Crayer.

L'artiste a représenté le moment où, après avoir multiplié les pains, le Christ, vêtu d'un manteau rouge, la main droite levée, accomplit le miracle de la multiplication des trois poissons qu'un enfant lui présente sur un plat; derrière lui, un de ses disciples, les mains jointes, prête une attention religieuse à cette scène; à droite, un autre disciple donne des pains à un homme, auprès duquel une femme paraît attendre son tour; à gauche, saint Pierre soulève un panier contenant des pains.

150. Antoine Van Dyck.

Portrait de la dame Anne-Marie de Camudio, fille

de don Pedro Velasquez de Camudio, épouse de messire Ferdinand de Boisschot, chevalier de l'ordre militaire de Saint-Jacques, comte d'Erps, baron de Saventhem, chancelier de Brabant, etc.

151. JEAN VAN DE KAPELLE.

Vue de l'Escaut prise aux environs de Bats.

Sur une eau calme, où se reflète admirablement un beau ciel légèrement nuagé, sont à l'ancre plusieurs bateaux et barques de pêcheurs; au premier plan, une chaloupe remplie de passagers descend la rivière; de la côte se détache une autre embarcation se dirigeant vers les bâtiments en station, au port, sont amarrés plusieurs autres navires; au centre, vogue à pleines voiles un yacht à la riche carène.

Cette toile est digne des belles productions de Willem Van de Velde.

152. JOSEPH VAN CRAESBEKE.

L'atelier du peintre. — L'artiste s'est représenté assis devant son chevalet et occupé à peindre le portrait d'un personnage qui joue de la guitare; près de ce dernier, sont attablés deux hommes et deux femmes; devant une cheminée, un cavalier debout fume sa pipe; sur une table couverte d'un tapis sont posés une palette, des pinceaux et des livres à dessiner.

153. Adrien Van de Velde.

Paysage dont le premier plan est occupé par un bœuf blanc tacheté de roux; à droite, près de lui, sont couchées deux vaches ruminant; derrière, à gauche, deux moutons et un bouc au repos forment le groupe principal de la composition; au fond, près d'une chaumière, est assise une bergère causant avec un pâtre; près d'elle sont encore quelques moutons; le lointain est occupé par des terrains accidentés; le ciel est parsemé de légers nuages.

Cette toile provient de la collection de J. P. H. de Monté, de Rotterdam.

154. Willem Van de Velde.

Marine. — Un vaisseau de haut bord entre dans la rade et salue le port; à droite et à gauche sont de nombreux bâtiments à l'ancre; sur le devant est une barquette qui se dirige vers le spectateur.

La scène est éclairée par les rayons d'un soleil couchant.

155. Philippe Wouwerman.

Vue prise dans les dunes. Le site est montagneux et parcouru par une rivière; à droite, au pied du terrain qui borde la rivière, un palefrenier fait boire sa monture; près de lui, sont deux pêcheurs au repos; sur un plan plus reculé arrive un cavalier auquel un mendiant tend son chapeau; il est suivi d'un valet qui précède un autre cavalier; la gauche est occupée par un tertre sablonneux surmonté d'un vieil arbre en partie dénudé de ses feuilles, derrière lequel on aperçoit des habitations couvertes de chaume; au devant s'élève un colombier; sur un pont qui joint les deux rives un enfant examine des pêcheurs occupés à retirer leurs filets; au premier plan est assise une jeune femme; près d'elle jouent deux enfants.

Ce tableau est gravé par Le Bas et par Moyreau, sous le titre de *La pêche,* et a fait partie du cabinet du comte de Vaudreuil.

156. Adrien Brauwer.

Intérieur de tabagie. — Au premier plan, sont groupés plusieurs personnages occupés les uns à chanter, les autres à boire et à fumer; un de ces individus, pris par de trop fortes libations, paraît indisposé et s'appuie contre un pilier; au fond, des hommes et des femmes sont près d'une cheminée; plusieurs accessoires posés çà et là enrichissent cette composition.

157. Jean Wynants.

Paysage dont la gauche est occupée par des tertres sablonneux que couronnent quelques grands arbres ; sur le sentier conduisant à la rivière, deux chasseurs à cheval et un piqueur suivis d'une amazone, poursuivent un cerf déjà dans l'eau, après lequel une biche s'élance harcelée par des chiens ; le fond est terminé par des massifs d'arbres ; le lointain est montagneux.

158. Jean Van Helmont.

Grande composition, représentant une fête de village ou kermesse flamande.

159. Koharski.

Portrait de Marie-Antoinette d'Autriche, reine de France. Le peintre Koharski, se trouvant deux fois de service au Temple, comme garde national, après la mort de Louis XVI, parvint chaque fois à y voir la reine. Il avait déjà peint le portrait de cette princesse en 1780 ; il traça le dessin de celui-ci bien exactement, jusqu'aux moindres détails de ses vêtements et exécuta plus tard le tableau qu'il tint longtemps caché, et qu'il vendit enfin au prince Auguste d'Arenberg, en 1805.

160. Barthélemy Van der Helst.

Portrait d'un magistrat.

161. Gérard Berkheyden.

Vue d'un canal dans une ville hollandaise.

161 bis. ADRIEN VAN OSTADE.

Un homme appuyé sur la partie d'une porte ouverte et tenant une pipe à la main, regarde en riant le spectateur ; un cep de vigne orne le haut de la muraille.

SALLE G.

M. Alvin.

162. École de RUBENS.

Portrait d'Ophovius, confesseur de Rubens.

163. École de VAN DYCK.

La déposition de la croix.

—

M. Mosselman.

164. BARTHÉLEMY MANFREDI.

Sujet représentant les quatre âges de la vie de l'homme.

SALLE H.

M. **Pillault de Fernig.**

165. Joseph Ribera.

Le Christ au roseau.

—

M. **Hennessy.**

166. École de Raphaël.

La Vierge d'Albe; copie d'après le tableau de Raphaël, connu sous cette dénomination.

—

Son Ex. **Lord Howard de Walden et Seaford.**

Envoyé extraordinaire et Ministre plénipotentiaire de S. M. Britannique.

167. Cadre renfermant seize tableaux gothiques représentant des sujets de la Passion.

—

M. **l'abbé Lombard.**

168. La Sainte Vierge et l'enfant Jésus assis dans un paysage; deux anges sont près d'elle et des chérubins la couronnent.

M. **Goethals-Daneel,** à Courtrai.

169. L'adoration des mages.

M. **de Penaranda de Franchimont.**

170. François Pourbus.

Portrait d'homme, portant un chapeau de feutre sur la tête, et tenant un gant dans la main gauche.

—

M. **Bock.**

171. Quintin Metsys.

Tête de Christ.

172. Le même.

Tête de la sainte Vierge.

Ces deux précieux tableaux sont renfermés dans une bordure en forme de rétable gothique en bois sculpté exécutée par les frères Goyers, de Louvain, sur les portes intérieures sont deux autres peintures représentant l'annonciation, par un maître inconnu.

173. École de Cologne.

Gothique. — Sujet représentant saint Pierre et saint Paul; peinture sur fond doré.

—

M. le comte de Renesse-Breidbach.

174. Otto Venius.

Le Christ en croix.

175. Maître inconnu.—Le retour d'Égypte, peinture sur cuir repoussé.

M. le comte Félix de Merode.

176. Pierre Breugel.

Intérieur représentant un avocat de campagne dans son cabinet.

—

M. le comte de Buisseret de Blarenghien.

177. François Franck.

La sainte Vierge et l'enfant Jésus dans un paysage; sur la bordure sont représentés plusieurs sujets de la vie de la Vierge.

178. Franck Floris.

L'annonciation.

179. Sasso-Ferrato.

L'annonciation.

—

M. le comte Gérard Legrelle, à Anvers.

180. QUINTIN METSYS.

Ecce Homo.

—

M. le comte Félix de Merode.

181. ECOLE DE HEMLING.

La Vierge et l'enfant Jésus.

182. MÊME ÉCOLE.

L'adoration des mages.

—

M. l'abbé Tialans.

183. Sujets allégoriques de la vie et de la passion de Notre-Seigneur.

—

M. Ph. Aerts, à Louvain.

184. École de HEMLING.

Gothique; la sainte Famille.

185. MÊME ÉCOLE.

L'avare surpris par la mort.

—

M. **Bellefroid**, directeur au ministère de l'Intérieur.

186. JEAN VAN EYCK.

l'Étable de Bethléem.

—

M. D'Hendecourt.

187. Tête de Christ.

SALLE I.

M. **Alvin**.

188. ANTOINE VAN DYCK.

Portrait en pied de l'électeur palatin Wolfrand. Il est vêtu de noir; de la main droite il tient son cordon de la toison d'or, la gauche est appuyée sur la garde de son épée; près de lui est un chien.

—

M. **le comte van der Straten-Ponthoz**.

189. JUAN PANTOJA DE LA CRUZ.

Portrait en pied de Philippe II vêtu d'un corsage de velours noir brodé.

M. **van den Elsken**, colonel de la garde civique d'Ixelles.

189 bis. PAUL BASSAN.

Scène d'intérieur.

—

M. Dancette.

190. ANTOINE VAN DYCK.

Portrait de femme; elle est assise le bras droit appuyé sur son fauteuil, de la main gauche elle tient un bouquet de fleurs, elle porte un corsage d'étoffe jaune broché; et un jupon de soie noire; à ses pieds est un chien épagneul.

SALLE K.

M. le duc d'Ursel.

191. ÉCOLE D'ITALIE.

La Vierge tenant l'enfant Jésus sur ses genoux, est assise dans un paysage.

—

M. le vicomte Hippolyte Vilain XIIII.

192. PALMA, le jeune.

Martyre de saint Sébastien.

193. ANTONIO ALLEGRI, dit le CORREGE.

Ecce Homo.

194. RAPHAEL SANZIO, d'Urbin.

La Vierge et l'enfant Jésus, dit « Le réveil de l'enfant; » tableau sur bois.

—

M. Nieuwenhuys, père.

195. JEAN VAN EYCK, inventeur de la peinture à l'huile.

La salutation angélique.

196. HUGO VAN DER GOES.

Sujet mystique.

—

Anonyme.

197. ESTEBAN MURILLO.

L'adoration des bergers.

198. Louis Carrache.

Sainte, soutenue par des anges.

199. Domenico Zampieri, dit Il Domenichino.

Saint Jérôme en prières.

—

M. le **comte de Spoelberch Lovenjoul.**

200. Guido Reni.

La mort de la Madeleine, elle est soutenue par des anges.

M. le notaire **Toussaint.**

200 *bis*. École de Hemling.

Saint Jérôme.

—

M. **Jean Verheyden.**

201. Esteban Murillo.

Marie-Madelaine en prières.

201 *bis*. Teniers.

Intérieur d'estaminet.

202. Le même.

Même sujet. — Pendant du précédent.

M. Geerts, à Louvain,

203. HEMLING.

La Vierge et l'enfant Jésus adoré par un moine de l'ordre des prémontrés.

—

M. le colonel baron Goethals.

204. GÉRARD DOW.

Ermite en prières.

—

M. Hennessy.

205. PAUL CALIARI, dit PAUL VERONÈSE.

La présentation au temple.

—

M. Gielen.

206. BERNARD VAN ORLEY.

Portrait de femme.

—

M. Staedtler, Secrétaire intime de Monseigneur le duc d'Arenberg.

207. ÉCOLE ALLEMANDE.

La Vierge à la cerise.

M. Berré de Haen.

208. Attribué à MICHEL ANGE.

Grand panneau. — Le Christ a, à sa droite, un personnage tenant en main un livre d'anatomie et, à sa gauche, une autre figure portant les attributs de la pharmacie.

209. DON DIEGO VELASQUEZ.

Portrait en pied d'un duc d'Albe représenté enfant.

210. PIERRE NEEFS.

Vue de la cathédrale d'Anvers.

—

M. le Marquis d'Arconati-Visconti.

211. BERNARD LUINI, dit le Raphaël de la Lombardie.

La Vierge tenant l'enfant Jésus.

—

M. Alvin.

212. D'après le CORRÉGE.

La Vierge au lapin. Copie d'après le tableau qui se trouve au musée de Naples.

—

M. le comte de Renesse-Breidbach.

213. École de HEMLING.

Triptyque gothique monté sur un pied, imitation de vieux boule, dont le sujet du milieu représente la crèche, et les deux volets, l'adoration des mages et les bergers se rendant à Bethléem.

SALLE A.

214. Sur la cheminée; portrait en pied de S. A. R. Madame la princesse Charlotte; copie d'après le beau portrait de Winterhalter, qui se trouve au palais du Roi.

—

M. le Comte Cornet de Ways-Ruart.

215. GILLES VAN TILBORGH.

Belle et riche composition représentant une fête de famille.

—

M. le Comte Ludovic de Robiano.

216. ALEXANDRE TURCHI, dit ALEXANDRE VÉRONÈSE.

Moïse sauvé des eaux.

M. **De Pouhon.**

217. Pierre-Paul Rubens.

Mars désarmé par Vénus.

—

M. **Pillault de Fernig.**

218. Wigerus Vitringa.

Marine.

219. Abraham Van Kuilenburg.

Grotte animée par des figures et des cavaliers.

220. Van Balen, Breugel et Van Kessel.

Le paradis terrestre.

221. Antoine Gryef.

Deux tableaux sujets de gibier mort.

222. Josse Berckeyden.

Charlatan sur une place publique.

—

M. **Schuster**, architecte du Palais.

223. Attribué à Pierre-Paul Rubens.

La femme adultère.

224. Philippe de Champagne.

Saint Joseph portant sur son bras l'enfant Jésus.

—

M. **Chapuis**.

225. Attribué à Pierre-Paul Rubens.

Petit portrait en pied de Charles-Quint.

—

M. **Lecocq**, à Louvain.

226. Attribué à Albert Durer.

Le Christ revêtu de la pourpre.

—

M. **le baron de Sécus**.

227. Van Meerbeeck.

Petit portrait d'homme peint sur cuivre.

—

M. **Goethals-Daneel**, à Courtrai.

228. Nicolas Verendael.

Guirlande de fleurs, entourant un médaillon.

M. **le comte de Renesse-Breidbach.**

229. Guido Reni.

La Madeleine.

—

M. **le comte de Buisseret de Blarenghien.**

230. École du Guide.

Tête de madone.

231. Gaspard Netscher.

Portrait d'homme.

232. Inconnu.

Portrait de femme.

—

M **le comte Félix de Merode.**

233. Henri Van Assche.

Vue de l'ancienne porte de Laeken, à Bruxelles.

234. Pierre Neefs.

Intérieur de l'Église Notre-Dame, à Anvers.

—

M. **le comte Arrivabene.**

235. Vue de la Grand'Place à Bruxelles, au xviie siècle.

M. **Auguste Cléry.**

236. PIERRE HELLEMANS.

Vue du château des Écaussines d'Enghien.

—

M. **Deleeuw**, Marché-aux-Bois.

237. SIMON VAN DER DOES.

Berger au repos gardant un troupeau de moutons.

—

M. **Cels**, père.

238. PIERRE-PAUL RUBENS.

Jésus-Christ mort sur la croix apparaissant à saint François d'Assise.

239. NICOLAS POUSSIN.

Vue de Rome, prise d'une rue conduisant de Sainte-Marie-Majeure à l'entrée latérale de la basilique de Saint-Jean-de-Latran; on voit sur la gauche le palais épiscopal que Sixte-Quint y fit bâtir.

240. PAUL REMBRANDT.

Portrait en buste d'une vieille femme.

M. Gustave Coûteaux.

241. Jean David De Heem.

Sujet de nature morte.

242. Corneille Bega.

Intérieur. — Scène de fumeurs.

—

M. Van Becelaere.

243. Géricault.

Le maréchal ferrant.

244. Léopold Robert.

Bénédiction d'une novice.

—

M. Terrade.

245. Marilhat.

Vue d'Orient.

—

M. le comte Robert de Cornelissen.

246. Cuyp.

Portrait d'homme.

247. Le même.

Portrait de femme.

—

M. le comte Joseph de Baillet.

Monogramme IS.

248. Intérieur où sont des fumeurs près d'une cheminée.

249. Pendant du précédent. — Intérieur de ménage.

—

M. Baude.

250. David Teniers.

Intérieur où sont attablés un homme et une femme.

251. Della Notte.

La Vierge tenant l'enfant Jésus sur ses bras.

—

M. l'Abbé Tialans.

252. David Teniers, le père.

Des moutons dans un paysage.

—

M. Berré de Haen.

253. Jean De Mabuse.

Assise dans un riche appartement, la Vierge donne

le sein à l'enfant Jésus; sur une table couverte d'un tapis sont posés un livre et divers accessoires.

—

M. **le chevalier Stas.**

254. École italienne.

Portrait d'un jeune enfant.

255. Même école.

Pendant du précédent. Portrait de jeune fille.

256. Attribué à Alonzo Cano.

Portrait de saint Ignace.

257. Carlo Maratti.

Saint Antoine de Padoue.

—

M. **Jean van Parys.**

258. Antoine Van der Meulen.

Attaque d'un convoi.

259. Pierre-Paul Rubens.

Esquisse. Le Christ présenté au peuple.

—

M. **le baron Goethals.**

260. Inconnu.

Portrait de sœur Marthe.

M. P. J. Huybrechts, d'Anvers.

261. Autissier.

Portrait de l'auteur. (Miniature.)

—

M. le comte Arrivabene.

262. Inconnu.

Madone. Médaillon ovale.

—

M. de Pouhon.

263. Guido Reni.

L'assomption.

—

M. Désiré van den Schrieck.

264. Paul Rembrandt.

La circoncision.

—

M. le chevalier Grimaldi.

265. École Italienne.

La sainte Vierge, assise sur un trône. Près d'elle est saint Jean.

M. Terrade.

266. François Hals.

Portrait d'homme.

267. Le même.

Pendant du numéro précédent. — Portrait de femme.

FIN.

www.ingramcontent.com/pod-product-compliance
Ingram Content Group UK Ltd.
Pitfield, Milton Keynes, MK11 3LW, UK
UKHW020926180726
13838UKWH00002B/783